Ginger

Activity Book 1

Early Start Edition – Neubearbeitung
Lehrwerk für Englisch ab Klasse 1

Erarbeitet von
Kerstin Caspari-Grote
Ulrike Kraaz
Christel Simon
Ines Völtz

Cornelsen

Ginger

Early Start Edition – Neubearbeitung
Lehrwerk für Englisch ab Klasse 1

Activity Book 1

Erarbeitet von
Kerstin Caspari-Grote
Ulrike Kraaz
Christel Simon
Ines Völtz

Unter Einbeziehung der Ausgabe von
Susan Norman, Hugh L'Estrange, London

Begutachtet von
Wiebke Koßmann, Hennickendorf,
Jutta Walter, Bielefeld

Redaktion
Ariane McIntyre, Düsseldorf

Illustration
Jan Lewis, Pangbourne, England

Gesamtgestaltung und technische Umsetzung
tritopp, Berlin

www.cornelsen.de

1. Auflage, 1. Druck 2016
Alle Drucke dieser Auflage sind inhaltlich unverändert und können im Unterricht nebeneinander verwendet werden.

Druck: Firmengruppe APPL, aprinta Druck, Wemding

ISBN 978-3-06-083760-1

PEFC/04-32-0928

PEFC zertifiziert

Dieses Produkt stammt aus nachhaltig bewirtschafteten Wäldern und kontrollierten Quellen

www.pefc.de

Contents

Unit 1 Hello, Ginger
Topics: English all around, my body and my clothes, numbers — 4

Unit 2 How are you, Ginger?
Topics: feelings, colours, numbers, weather — 7

Unit 3 Ginger likes animals
Topics: animals, colours, feelings, numbers, school things — 11

Unit 4 Ginger's lunch box
Topics: animals, food and drinks — 17

Unit 5 A school day with Ginger
Topics: at school, my body — 22

Unit 6 Ginger meets families
Topics: animals, colours, food and drinks, my family — 27

Unit 7 Ginger loves ice cream
Topics: food and drinks — 33

Unit 8 Goodbye, Ginger — 39

Special days
Topics: Birthday, Easter — 41

Cut-out page — 43

Mini picture cards — 45

Symbols

listen to the teacher	colour in	glue	circle	point
listen to the CD (CD)	draw	act out	join	play
talk	cut	123 number	sing	tick

Ginger's song

1

2 CD 1.7

Ein englisches Lied verstehen; Bilder den Liedzeilen entsprechend verbinden ▸ S. 65/66

Portfolio: English all around

1 **2**

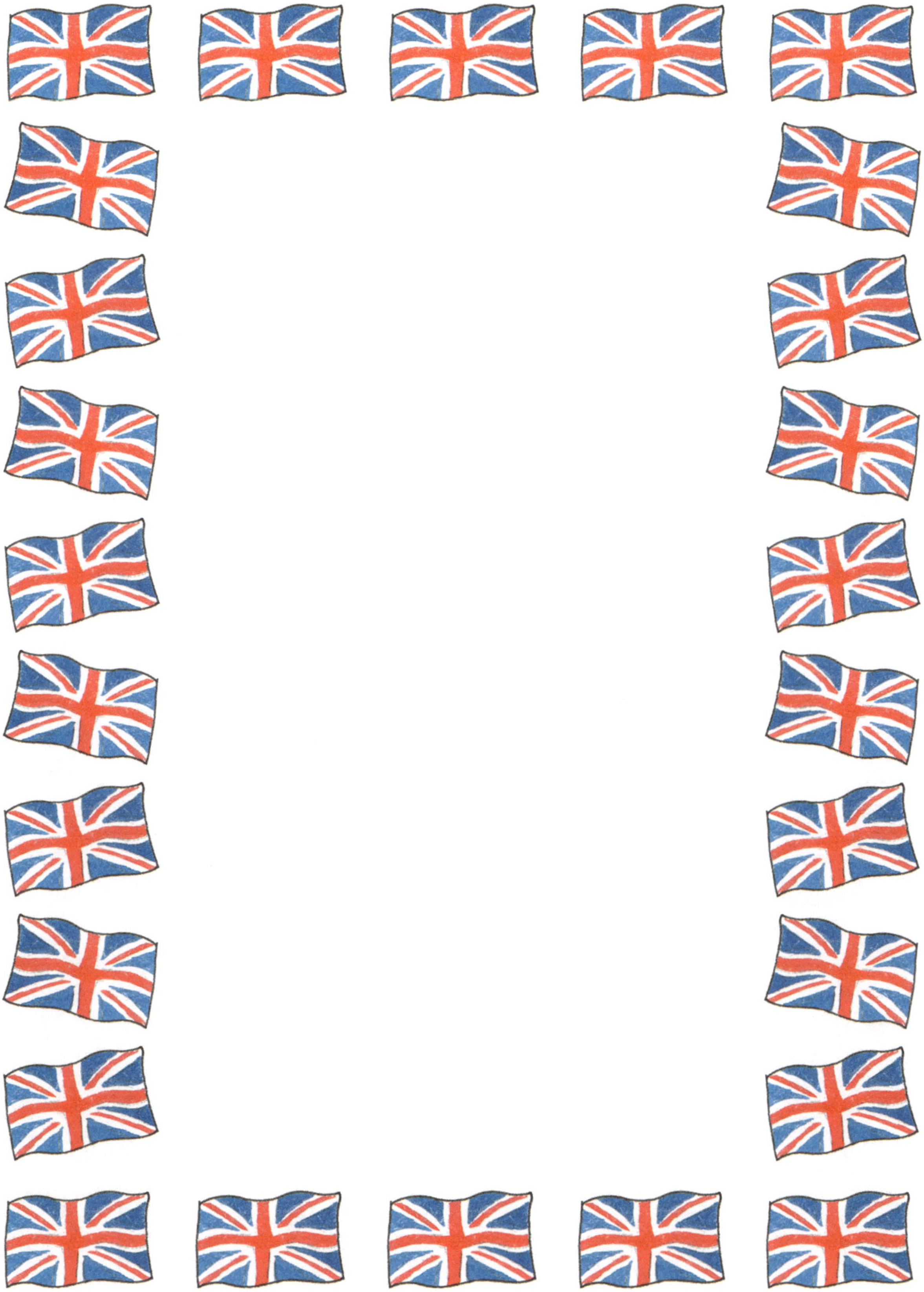

Portfolio: English all around

Englische Wörter sammeln und Bilder dazu aufkleben ▸ S.68

How are you?

1

2

Nach Vorgaben Gesichtsausdrücke malen; ein Bild nach Vorgaben farbig ausmalen ▸ S. 71/72

What a nice rainbow

1

2

Eine Bildbeschreibung verstehen; einen Regenbogen nach Vorgaben farbig ausmalen ▸ S. 76

Portfolio: My rainbow picture

1

Ein Regenbogenbild gestalten ▸ S. 78

Was ich dazugelernt habe

Ich fand die Aufgabe:  leicht mittel schwer

1 123

2 123

3 123

Wortschatz und Redemittel aus der Unit verstehen ▸ S. 77/78

A lot of animals

1 CD 14

2

3

Ein Lied singen und auf die Abbildungen zeigen; Tiere gruppieren und zählen ▸ S. 82

I like my pets

1 CD 16

2

Ein Lied singen und auf die Abbildungen zeigen, ein Bild beschreiben, Tiere nach Anweisung farbig ausmalen; sein Kuscheltier malen ▸ S. 84

Story: Shorty and his cuddly toys

1 CD 22

2

Eine Geschichte hören und auf die Abbildungen zeigen, ein Minibuch zu der Geschichte basteln ▸ S. 87/88

Was ich dazugelernt habe

Ich fand die Aufgabe: ◯ leicht ◯ mittel ◯ schwer

◯ **1**

◯ **2** 123

◯ **3** 123

Lunch boxes

1

2 CD 27 123

3

Wortschatz verstehen und einkreisen, was man mag; einen Hörtext verstehen und Brotdosen entsprechend nummerieren; logische Reihen ergänzen ▸ S. 94, 96

Ginger's lunch box

1  CD 29 **2** **3**

Nach Hörtext fehlende Nahrungsmittel in den Brotdosen ergänzen und Brotdosen nummerieren ▸ S. 97/98

Portfolio: My lunch box

1

Was ich dazugelernt habe

Ich fand die Aufgabe: ☺ leicht ☹ mittel ☹ schwer

1

2 123

3

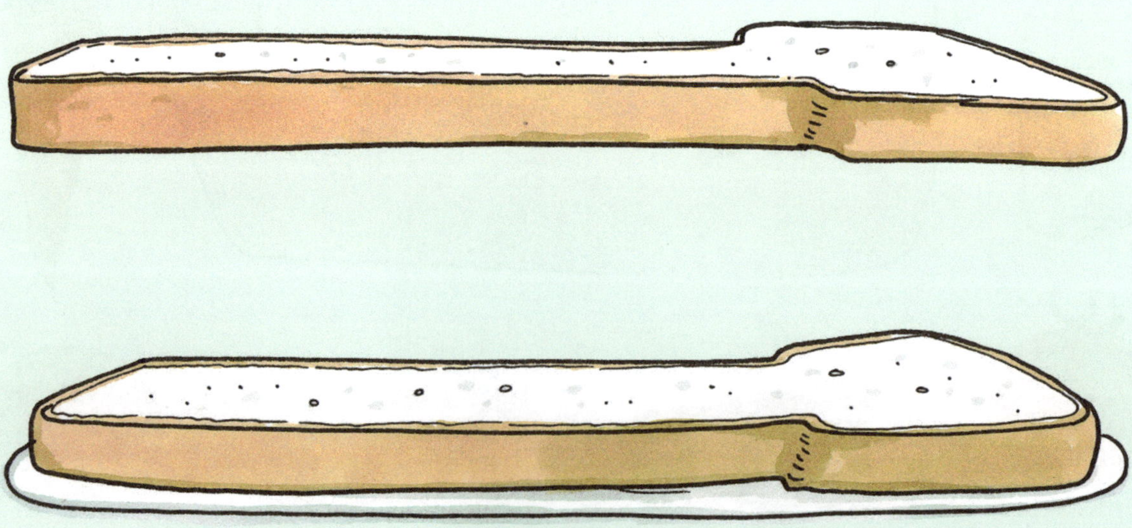

Wortschatz aus der Unit verstehen; ein Sandwich zusammenstellen ▸ S. 101/102

Ginger's shopping list

1 CD 30/31

2

Der Geschichte entsprechend die Einkaufsliste ergänzen
und die Tiere mit den Nahrungsmitteln verbinden ▸ S. 100

A school day with Ginger

Time for school

1 CD 33

8

9

1

2
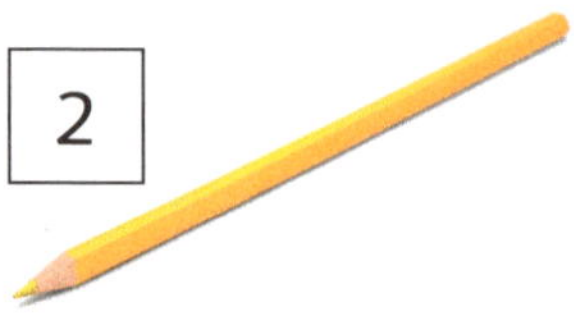

3

7
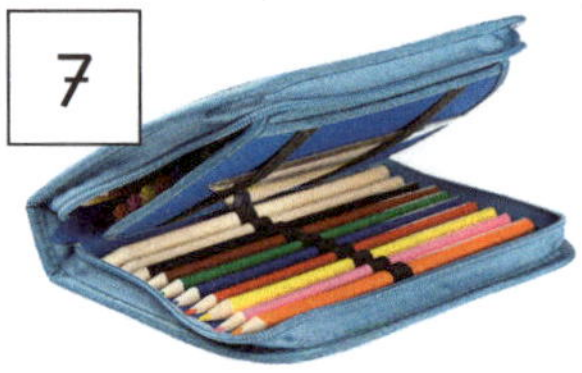

6

5

4

2

Einen Chant hören und sprechen, dementsprechend Abbildungen verbinden;
versteckte Bilder finden und ausmalen ▸ S. 106

Spot the difference

1

2

Head and shoulders

1 CD 34

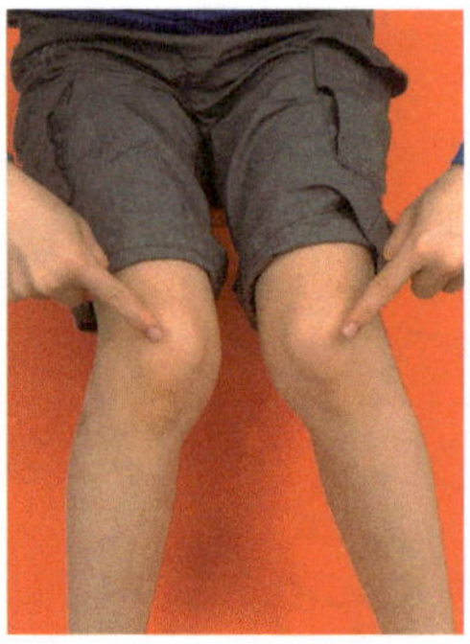
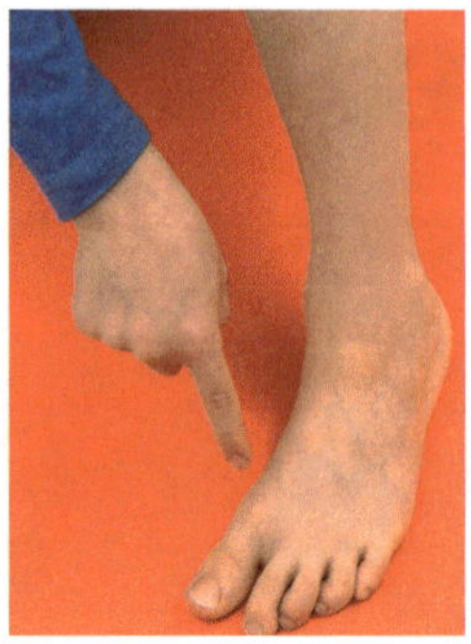

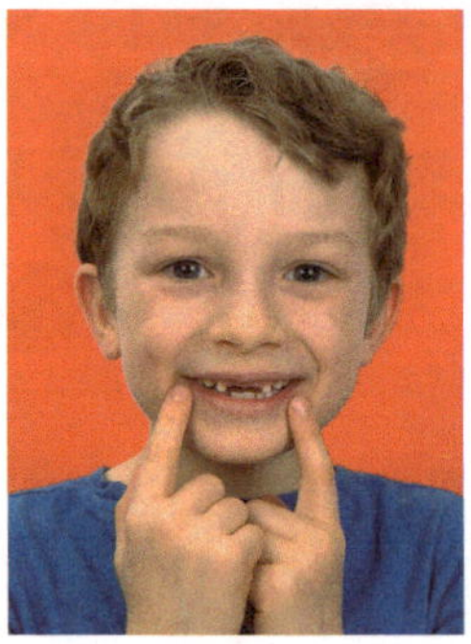

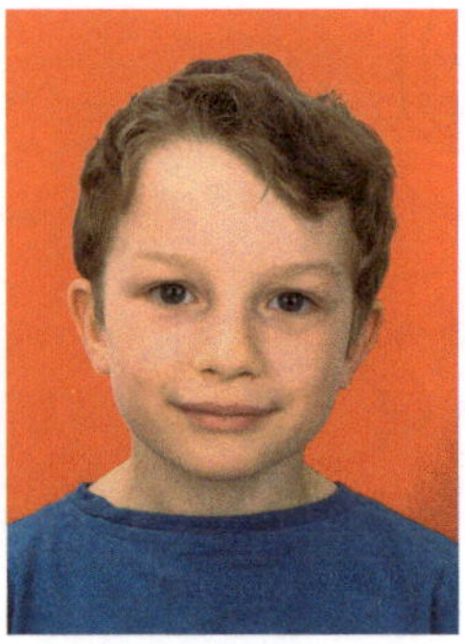

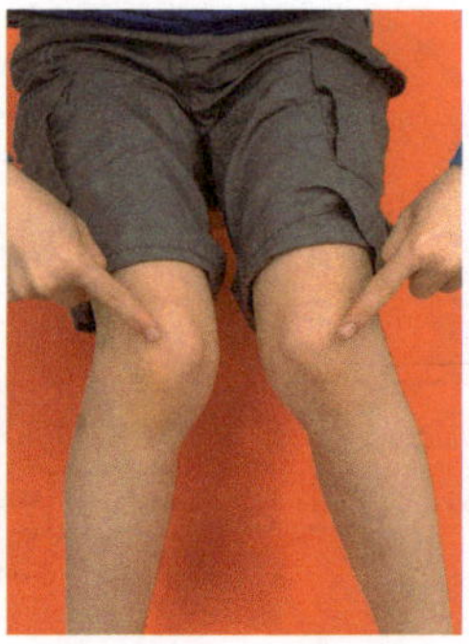
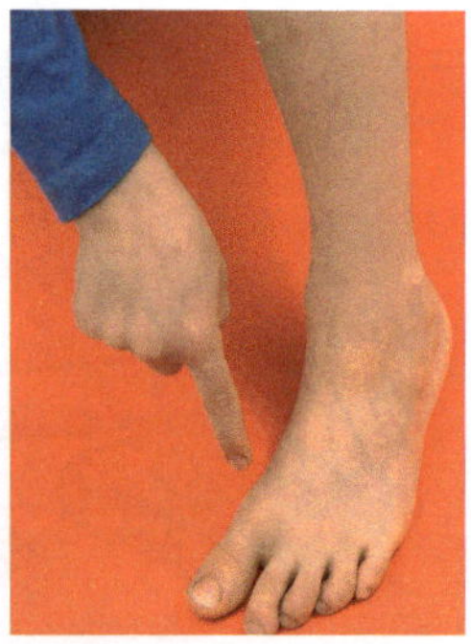

Ein Lied singen und auf die entsprechenden Abbildungen zeigen ▸ S. 111

Portfolio: My classroom

1

Ein Klassenzimmer gestalten und darüber sprechen ▸ S. 114

Was ich dazugelernt habe

Ich fand die Aufgabe: ☺ leicht ☹ mittel ☹ schwer

1

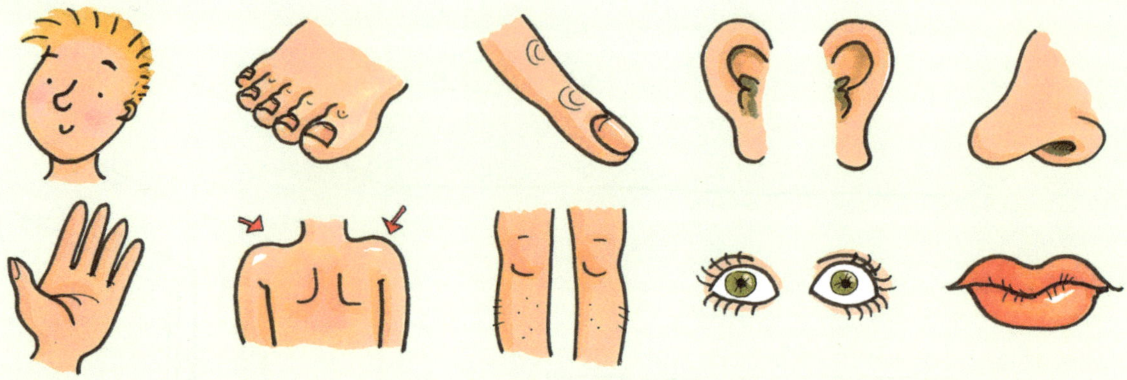

2 123

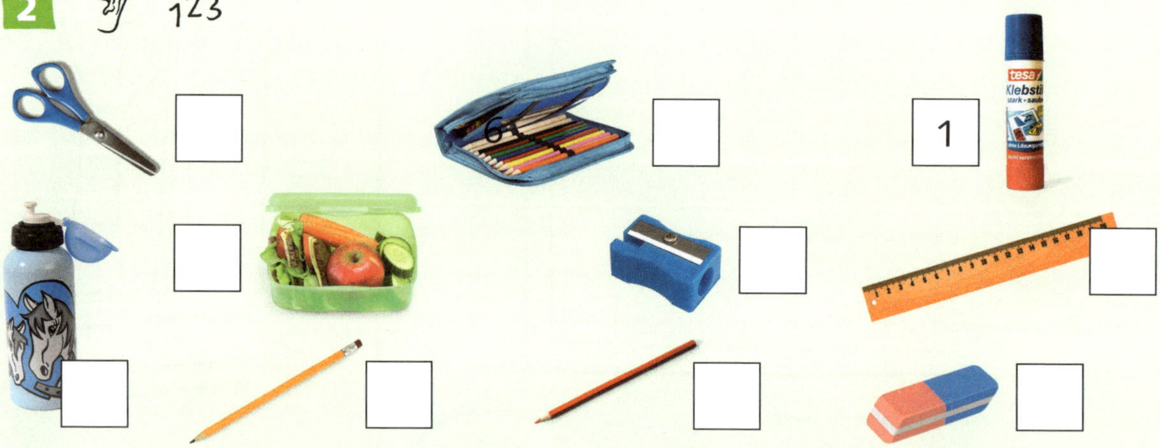

3

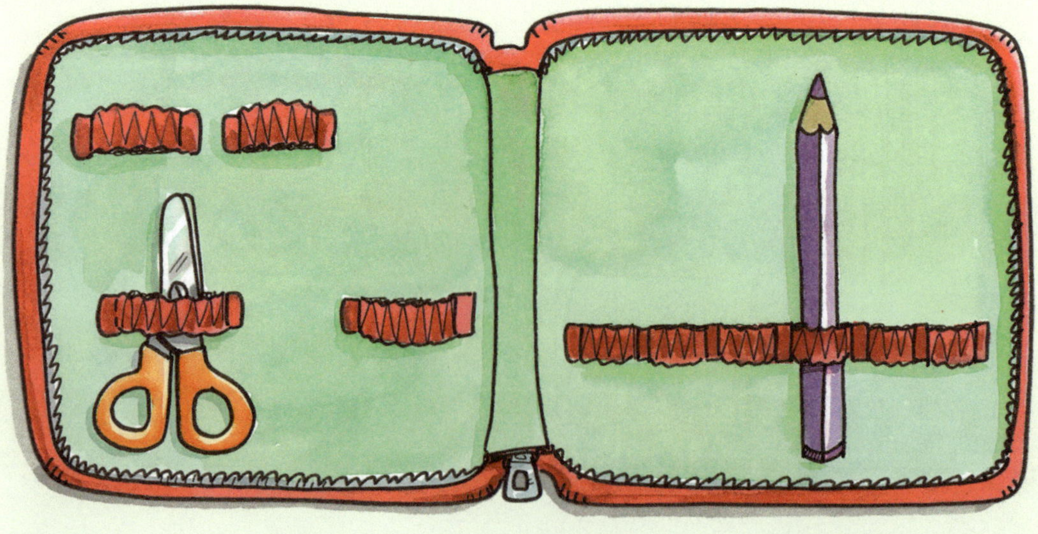

Wortschatz aus der Unit verstehen ▸ S. 113/114

Some families

1

2

CD 36

Familienwortschatz verstehen und über Familie sprechen;
einen Reim sprechen und auf die entsprechenden Abbildungen zeigen ▸ S. 117/118

Big families and small families

1 CD 37 123

2 CD 38

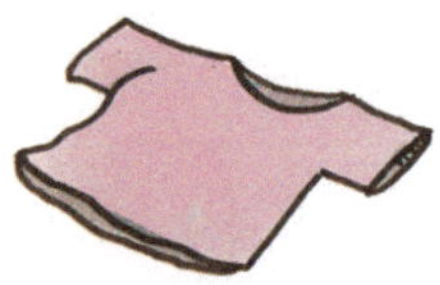

Einen Hörtext verstehen, Abbildungen entsprechend nummerieren und einkreisen ▸ S. 119

The big turnip

1 CD 41/42

Portfolio: My family

1

2

Was ich dazugelernt habe

Ich fand die Aufgabe: ☺ leicht 😐 mittel ☹ schwer

1

2 123

3

Wortschatz aus der Unit verstehen ▸ S. 125/126

I like ice cream

1

2

Über Bilder sprechen; Eiskugeln nach Anweisung farbig ausmalen ▸ S. 130

I like chocolate ice cream

1

Ein Spiel spielen und dabei Wortschatz und Redemittel anwenden ▸ S. 131/132

3
4

Portfolio: The ice cream I like best

1

Portfolio: Songs and stories I like best

1

2

Die Lieblingslieder und -geschichten aus dem 1. Schuljahr bestimmen ▸ S. 137/138

Portfolio: Chants, rhymes and games I like best

1

2

Die Lieblingsreime, -chants und -spiele aus dem 1. Schuljahr bestimmen ▸ S. 139/140

The big turnip

Eine eigene Version der Geschichte *The big turnip* erfinden, entsprechende Bilder ausschneiden und auf S. 29 kleben

Weather

Animals

Family